Pourquoi est-il venu ?

Théâtre huit femmes et cinq hommes

Du même auteur*

Certaines œuvres sont connues sous différents titres.

Romans

Le Roman de la Révolution Numérique
La Faute à Souchon : (Le roman du show-biz et de la sagesse)
Quand les familles sans toit sont entrées dans les maisons fermées
Liberté j'ignorais tant de Toi (Libertés d'avant l'an 2000)
Viré, viré, viré, même viré du Rmi !
Ils ne sont pas intervenus (Peut-être un roman autobiographique)

Théâtre

Neuf femmes et la star
Les secrets de maître Pierre, notaire de campagne
Ça magouille aux assurances
Chanteur, écrivain : même cirque
Deux sœurs et un contrôle fiscal
Amour, sud et chansons
Pourquoi est-il venu :
Aventures d'écrivains régionaux
Avant les élections présidentielles
Scènes de campagne, scènes du Quercy
Blaise Pascal serait webmaster
Trois femmes et un Amour
J'avais 25 ans
« Révélations » sur « les apparitions d'Astaffort » Brel Cabrel

Théâtre pour troupes d'enfants

La fille aux 200 doudous
Les filles en profitent
Révélations sur la disparition du père Noël
Le lion l'autruche et le renard,
Mertilou prépare l'été
Nous n'irons plus au restaurant

* extrait du catalogue, voir page 64

Stéphane Ternoise

Pourquoi est-il venu ?

Théâtre huit femmes et cinq hommes

Sortie numérique : 6 juillet 2011

**Edition revue et actualisée en avril 2014.
Disponible en numérique et en papier.**

Jean-Luc Petit éditeur - Collection Théâtre

Stéphane Ternoise versant dramaturge :

http://www.dramaturge.fr

Tout simplement et logiquement !

Tous droits de traduction, de reproduction, d'utilisation, d'interprétation et d'adaptation réservés pour tous pays, pour toutes planètes, pour tous univers.

Site officiel : http://www.ecrivain.pro

© Jean-Luc PETIT - BP 17 - 46800 Montcuq – France

Pourquoi est-il venu ?

Pourquoi Stéphane, la quarantaine, auteur reconnu, a accepté de participer à un modeste salon du livre ?
Il y retrouve Nadine, la soixantaine vaincue, avec qui il a débuté les salons dans sa jeunesse. Il n'hésitera pas à fustiger une libraire voisine : écrivain indépendant, il ne cache pas son désamour de ces vendeurs de livres.
La raison de sa présence arrivera enfin : Julie, une lectrice croisée des années plus tôt. Il n'a pas trouvé plus simple que de l'inviter à ce salon...
Mais Julie aura une bonne raison de ne pas tomber dans ses bras... Et quand la libraire, après quelques verres se transformera en femme fatale... Nadine sera au premier rang...
Tout alors devient possible... se joue à quelques secondes près...

Une pièce avec huit femmes et cinq hommes, pouvant être jouée par de nombreuses distributions grâce à la présence de personnages qui ne se croisent pas.

Pourquoi est-il venu ?

Comédie contemporaine en trois actes

Distribution :

    Huit femmes, cinq hommes

Décor : un salon du livre « à la campagne. »
Une salle des fêtes avec tables sur tréteaux.
Trois tables. Au centre Stéphane, à sa gauche Nadine, à sa droite, la libraire.
D'autres tables invisibles. Quelques phrases et bruits fuseront de ces espaces hors champ.

Personnages :

Quatre personnages phares, trois femmes et un homme :

> La libraire, la trentaine, coiffée à l'ancienne, avec un chignon, de grosses lunettes, une tenue stricte, un regard sévère ; sa beauté passe inaperçue ; des livres touristiques, de cuisine, des romans du terroir. Derrière elle, « librairie du centre » et une grande photo typique de la région* (reproduction probable de la couverture d'un livre).

Stéphane, la quarantaine dynamique ; sa notoriété, acquise dans la chanson et sur internet, lui permet de nombreuses impertinences ; ses livres et CD ; derrière, des feuilles 21 x 29.7 blanches placardées, avec des slogans : « l'auto-édition est l'avenir de l'édition », « le libraire est un parasite de l'écrivain », « achetez directement les livres aux écrivains » (poster en couleur de l'acteur possible).

Nadine, la soixantaine vaincue, avec quelques sursauts d'enthousiasme et des tentatives d'humour, ses livres (rien derrière elle).

Julie, la trentaine, blonde rayonnante, magnifique, visiteuse « invitée. »

- Nathalie, la quarantaine, organisatrice.
- Des visiteurs, acheteurs, badauds (minimum huit, quatre femmes, quatre hommes).

Pour la mise en scène :

La libraire, Nadine et Stéphane forment naturellement l'ossature, présents dans les trois actes.

Julie apparaît à l'acte 1 et reviendra pour le coup de théâtre de l'acte 3. Elle est au cœur de la pièce, en porte sa raison et l'intrigue.

Personnages de second plan :

Acte 1 :
- Une vieille femme
- Un badaud (le chasseur)
- Un badaud (Olivier)
- Un couple : un homme et une femme
- Un vieil homme pressé
- Nathalie, organisatrice

Acte 3 :
- Deux femmes qui passent en parlant

* la région : le sud-ouest mais ces personnages peuvent s'exprimer ainsi ailleurs et probablement là où sera jouée la pièce, alors remplacer Toulouse et Editions Milan...

L'utilisation de Stéphane Ternoise comme personnage est naturellement un jeu de l'auteur. Vous pouvez remplacer ce nom par celui qui vous plaira.

La présence de rôles secondaires permet de jouer la pièce avec moins de comédiens et comédiennes... voir les distributions proposées.

Acte 1

La libraire, Nadine, Stéphane. Puis : une vieille femme, le chasseur, Olivier, un couple, un vieil homme pressé, Julie, Nathalie.

La libraire, debout derrière sa table, regarde sa montre, s'ennuie.
Stéphane et Nadine ont rapproché leur chaise et discutent. Ils se connaissent depuis une quinzaine d'années, ont débuté ensemble les salons du livre dans la région...

Nadine : - Ce midi, quand on reviendra de manger, tes slogans auront disparu... Je crois !
Stéphane : - Elle n'osera jamais.
Nadine : - Tu as vu comme elle te regarde !
Stéphane : - Elle n'ose pas me demander un autographe !
Nadine : - Tu as quand même la grosse tête.
Stéphane : - Au moins 97% des personnes qui me critiquent seraient prêtes à se compromettre dix fois plus que moi pour la moitié de ma notoriété.
Nadine : - Je me souviens de nos débuts...
Stéphane : - Pour les organisateurs, j'étais un jeune con inconnu, donc ils me méprisaient, me toléraient uniquement comme animateur obtenu gratuitement pour leurs petites agitations locales. Maintenant, je suis un vieux con, un peu connu, alors ils me courtisent ! Ils croient important de pouvoir piailler « nous avons obtenu la présence du grand écrivain et auteur de chansons ! »

Nadine : - Et tu en profites.
Stéphane : - Tu crois peut-être que j'en suis dupe ! Ils m'ont invité pour éviter mes critiques sur le site du département. C'est même pas leur choix, c'est le Conseiller Général, il espère être épargné ! Mais enfin, Nadine, ce n'est pas sérieux tout cela (*il montre livres et CDs*). Le jour où tu crois pouvoir te reposer sur ce que tu as fait, autant aller garder des moutons au Burkina Faso !
Nadine : - Mais je croyais que tu ne participais plus à ce genre de salon.
Stéphane : - Je collectionne les invitations ! Tu veux connaître le montant du chèque !
Nadine : - Quoi, ils t'ont payé !
Stéphane : - Et remboursement des frais de déplacement, hôtel hier soir et ce soir !
Nadine : - Tu déconnes ! Tu es à quarante kilomètres.
Stéphane : - Hé alors ! Tu ne sais pas qu'un écrivain a besoin d'une bonne nuit avant d'affronter un salon exténuant ?
Nadine : - Et en plus ils t'ont payé !
Stéphane : - Et toi, tu es comme moi avant ! Tes frais de déplacement sont de ta poche, tu payes ton repas du midi…
Nadine : - Pas toi !
Stéphane : - Ce serait mesquin ! Et tu as payé ta place ! Tu comprends pourquoi il y a quelques années, j'ai décidé de boycotter les salons.

Nadine : - En plus, c'est quand tu étais rmiste, que ça t'aurait été utile d'être payé. Maintenant, j'ai l'impression que c'est une goutte d'eau.
Stéphane : - J'ai depuis longtemps conceptualisé les conneries de la culture officielle, avec mon « non aux subventions. » En plus la chanson est une vraie pompe à fric !
Nadine : - C'est pas pour critiquer ! Tu me connais ! Mais parfois tu ne te casses pas !
Stéphane : - Quand tu es connu, tu es sollicité et personne n'ose te dire non quand tu rends ta copie. Si ça se vend, tu es encore plus sollicité alors tu écris encore plus vite ! Le seul critère c'est la vente. Ça laisse du temps pour écrire des livres !
Nadine : - Faire du fric pour être tranquille, comme tu résumes.
Stéphane : - Cette année, mes seuls revenus internet me permettraient de vivre sans vendre le moindre livre. Alors que l'année prochaine, si je n'avais pas la chanson, je retomberais peut-être rmiste ! Il faut avoir conscience de la précarité de tout cela. Même la chanson finalement. Il suffit de trois bides consécutifs et ils feront appel à d'autres ! Si je vivais comme une star, un jour c'est certain, tu me verrais pleurer mes belles années !
Nadine : - Tu as remboursé depuis longtemps par tes impôts ce que tu as touché du Rmi.
Stéphane : - Un jour les jeunes écrivains seront cotés en bourse. Tu te rends compte, si

tu avais pris des actions du jeune écrivain, tu pourrais arrêter de travailler.

Nadine : - Mais si tu avais pris les miennes ! De toute manière, tu le sais, je suis contre le capitalisme.

Stéphane : - Pendant des années tu as vécu comme une française moyenne alors que j'étais rmiste. Il faut bien qu'il y ait une certaine logique. Être écrivain c'est à plein temps !

Nadine : - Une française moyenne, tu exagères ! Si je ne te connaissais pas, je te prendrais pour un pistonné qui n'y connaît rien à la réalité !

Stéphane : - J'ai simplement observé le monde tel qu'il est. Et j'ai essayé de trouver la meilleure solution.

Nadine : - Mais moi, si je refuse qu'on se foute de ma gueule, je fais quoi ?

Stéphane : - On en a déjà parlé.

Nadine : - Oui, mais en ce temps-là, tu étais comme moi (*elle se veut lyrique*) inconnu au bataillon, simple écrivaillon de la région.

Stéphane : - Hé oui, vous étiez nombreux à vous foutre de ma gueule, les premières fois où je vous ai glorifié internet.

Nadine : - Oh, Stéphane, moi, jamais ! J'ai toujours reconnu ne rien y comprendre.

Stéphane : - Et surtout que les gens, jamais, n'achèteraient un livre sur internet !

Nadine : - Moque-toi, c'était impossible à prévoir pour une modeste enseignante en zone sinistrée...

Stéphane : - Devancer les événements est une exigence pour le créateur.
Nadine : - Mais tu es devenu une véritable entreprise. Tu en as combien, des sites ?
Stéphane : - Ce n'était pas prémédité… J'ai simplement réservé un nom de domaine quand j'avais une idée et qu'il était disponible. Souviens-toi qu'en ce temps-là les subventionnés ne voyaient pas l'intérêt d'internet.
Nadine : - C'est encore un de tes secrets, le nombre de tes sites.
Stéphane : - C'est dingue le nombre de choses qu'on veut désormais savoir de ma vie !
Nadine : - Ça fait bizarre, si je tape un nom sur internet, même le mien, j'arrive sur l'un de tes sites, comme quand j'allume la radio, c'est parfois une de tes chansons.
Stéphane : - Hé oui, mes chansons, mes sites… Et mes livres, finalement, ne sont pas tellement beaucoup plus lus que les tiens.
Nadine : - Mais toi, tu fais comme tu as envie, tandis que moi, à mon âge, je suis encore enseignante.
Stéphane : - Jusqu'à quel âge ils vont te garder ?
Nadine : - Ils sont fous ! Il faudrait que je bosse encore cinq ans pour obtenir une véritable retraite.
Stéphane : - Rassure-toi, l'espérance de vie est en hausse constante et tu auras le temps d'écrire tes souvenirs !

Nadine : - Tu ne vas quand même pas me sortir le refrain du ministère.
Stéphane : - Plus un refrain est simple, plus il est efficace ! Travailler plus pour gagner plus ! Penser moins pour dépenser plus ! Tu sais bien qu'un écrivain écrit jusqu'au dernier souffle, alors moi, vos histoires de retraites !

Nadine, *en montrant la libraire* : - J'en connais une qui ne tiendra pas jusqu'à la retraite si elle fait encore des salons près de toi.
Stéphane : - Je ne suis pas responsable du plan d'occupation des sols !
Nadine : - C'est un grand honneur pour moi d'avoir été placée à ta gauche.
Stéphane : - Le week-end prochain certains te demanderont de raconter ! Tu te souviens, lors de nos premiers salons, à la table d'honneur, c'étaient les anciens.
Nadine : - Ils sont tous morts.
Stéphane : - Étaient-ils encore vivants ?! Nous entrerons dans la carrière quand nos aînés n'y seront plus.
Nadine : - Mais moi, j'ai usurpé cette place ! Je sais avoir été placée-là uniquement parce qu'ils se souviennent qu'on était proches.
Stéphane : - Parce que tu leur as rappelé !
Nadine : - J'avoue !
Stéphane : - Et à ma droite ils n'ont trouvé personne.
Nadine : - Michel, Oscar, Christian, on dirait qu'ils t'ont copié ! Ça fait des années que je ne les ai pas croisés.
Stéphane : - Mais pas pour la même raison !

Nadine : - Tu as des nouvelles ?
Stéphane : - Forcément ! Tout le monde désormais m'envoie des nouvelles, des invitations, un livre dédicacé, même ses meilleurs vœux !
Nadine : - Je ne te les enverrai plus !
Stéphane : - Michel a arrêté d'écrire... Il est le seul avec qui j'entretiens un échange manuscrit, il préfère retaper sa maison. Oscar a hérité donc vit comme un héritier quelques années en espérant enfin convaincre un « grand éditeur. »
Nadine : - Un qui ne fera pas faillite !
Stéphane : - Tu vois, tu te moques aussi ! Christian essaye de signer des contrats avec un à-valoir, même s'il ne touchera qu'un pour cent sur les ventes. Comme il vient d'avoir sa retraite, il cultive sa petite notoriété en intervenant dans les écoles. Mais il voudrait être invité au salon de Paris ou Saint-Etienne ! Il a de l'ambition, quoi !
Nadine : - C'est normal que tes anciens compagnons de salons essayent de capter un peu de la lumière que tu émets désormais !
Stéphane : - Comme tu fais de belles phrases, je suppose qu'un jour tu vas raconter tes souvenirs, donc naturellement nos rencontres dans les salons.
Nadine : - Tu sais, je me suis reconnue dans l'une de tes pièces de théâtre. Au début j'étais en colère mais avec le recul je trouve que tu aurais dû laisser nos noms (*Stéphane sourit*). Tu as déjà traité le sujet, on m'accuserait de

copier. De toute manière, je ne raconte pas ma vie, moi, je fais de la littérature. J'ai jamais rien raconté sur Léo Ferré, ni sur Bernard Lavilliers, c'est pas avec toi que je vais débuter !

Stéphane : - Tu étais jeune en ce temps-là... Et avoue qu'il n'y a rien à raconter sur eux ! Des trois, un seul laissera une œuvre.

Nadine : - Tu sais que pour moi, Léo, il est sacré.

Stéphane : - Tu étais jeune, tout simplement, alors il reste associé à cette jeunesse, à tes rêves d'alors. Tu avais l'admiration plus facile aussi, et tu l'as connu qu'il était en pleine gloire, tu étais fan même. Tandis que moi, tu m'as connu avec le statut du petit jeune accueilli sur la dernière place au bout de la table.

Nadine : - Tu as toujours su te mettre en valeur.

Stéphane : - J'ai été le plus jeune ! Tu veux dire que même avant, je ne fayotais pas pour me faire bien voir... même des libraires !

Nadine : - Ça m'a dégoûté ce matin, ces p'tits jeunes qui pensaient se faire bien voir de toi en t'achetant ton bouquin et en t'offrant le leur. Pas un n'achète les miens.

Stéphane : - Ils feront la même chose avec toi le jour où tu auras le prix... le prix Goncourt.

Nadine : - Des claques qu'ils méritent !

Stéphane : - Comment tu parles de tes chers collègues ! N'oublie pas : je suis simplement de passage pour prendre quelques notes, c'est

avec eux que tu vas continuer à boire du mauvais vin !
Nadine : - Oh une cliente potentielle ! Si je me souviens bien, ce n'est pas la catégorie socioprofessionnelle de tes acheteurs !

> *Arrive, à la table de la libraire, une vieille femme, soixante-dix ans au moins (Nadine et Stéphane écouteront la conversation).*

La libraire : - Bonjour madame, vous trouverez ici tout ce que vous cherchez.
La vieille femme : - Bonjour madame.
La libraire : - Toutes les nouveautés des plus belles plumes de la région et aussi les classiques, les célèbres romans du terroir de nos grands écrivains regrettés... À moins que vous les ayez tous ?
La vieille femme : - Y'a que le Désiré qui m'intéressait dans tous ces gens... on avait fini par devenir proches... un sacré coquin... Oh ! ce n'est pas pour moi, avec ma vue, je ne vois que les gros caractères.
La libraire : - Vous savez, nous sommes nombreuses à avoir besoin de lunettes pour lire.
La vieille femme : - Oh, quand je mets les lunettes, je m'assieds sur le canapé et je regarde la télé, c'est quand même plus distrayant que toutes leurs histoires. Si seulement c'était vrai, ce qu'ils racontent.
La libraire : - Nous avons naturellement des livres de souvenirs.

La vieille femme : - Oh ! je cherche un livre pour offrir à ma petite-fille.
La libraire : - Elle a quel âge ?
La vieille femme : - Elle va avoir dix ans. Mais elle aime bien ça, lire, alors c'est comme pour les vêtements, il lui faudrait bien du douze ans. Même du quinze. Elle fait 1 mètre 50.
La libraire : - J'ai ce qu'il vous faut. Je suppose qu'elle aime les chiens.
La vieille femme : - Oh non, oh non, surtout pas de chiens. Elle s'est fait mordre par le chien de monsieur le maire, un setter gordon. On dit que c'est pas méchant, cette race, mais en tout cas, il l'a bien mordue, ma p'tiote Manon. Il l'a attrapée à la cheville. Au sang. Ça a fait du bruit, dans le village. En tout cas, il a perdu des voix pour les prochaines élections. Vous êtes sûrement au courant, la p'tite Manon, à côté de l'église.
La libraire : - Je ne suis pas du village.
La vieille femme : - Ah oui, vous venez de… (*elle regarde sur la table*) Ah !
La libraire : - Nous avons ce livre, il plaît beaucoup. Il a été écrit par un enfant du pays, qui aurait dû être là mais il n'a pas pu venir, alors je le représente (*en lui tendant le livre*).
La vieille femme, *le prenant avec réticence* : - Vous êtes sa femme ?
La libraire, *en souriant* : - Non, madame, je suis libraire. Heureusement que je ne suis pas l'épouse de l'ensemble des auteurs dont je vends les livres.

La vieille femme : - Oh ! Vous ne pourriez pas, c'est interdit par la loi.
La libraire : - Je suis libraire, c'est mon métier de vendre les livres, de faire connaître les œuvres des écrivains.
La vieille femme : - Milan, monsieur Milan, ça ne me dit rien.
La libraire : - Milan, c'est l'éditeur, les éditions Milan, à Toulouse, vous ne connaissez pas ?
La vieille femme : - Vous ne me croirez peut-être pas, mais je n'y suis jamais allée à Toulouse. C'est pas les occasions qui ont manqué, encore l'année dernière, mon fils me dit « je t'emmène », mais non, ça ne me dit rien de voyager. Toutes ces grandes villes, je me demande toujours si les gens y sont comme nous.
La libraire : - Le nom de l'auteur est à l'intérieur. Tenez (*elle lui tourne la page*).
La vieille femme : - Non, ça ne me dit rien. Avant je suivais *Apostrophes*, mais c'est dommage, ils ont arrêté. Souvent, le nom de l'auteur est écrit sur la couverture, c'est parce qu'il n'est pas connu qu'ils l'ont sanctionné.
La libraire : - Dans le livre jeunesse, il est rare que le nom de l'auteur soit inscrit sur la couverture.
La vieille femme : - Si j'étais écrivain, je refuserais. Moi je vendais du foie gras, mon nom était toujours sur les étiquettes... Oh, c'est cher ! (*elle en profite pour reposer le livre*)

La libraire : - Vous savez, ça coûte cher à fabriquer, un livre.
La vieille femme : - C'est dommage, l'année dernière, ils avaient organisé une brocante en même temps. Là au moins on trouvait des livres à un prix normal. Faudra que je le dise à Nathalie. C'est dommage. Vous allez pas voir grand monde, sans la brocante à côté.
La libraire : - Si personne n'achetait les livres aux libraires, il n'y aurait plus d'écrivains, donc plus de livres non plus dans les brocantes.
La vieille femme : - Oh, pardi ! C'est peut-être pas utile. Maintenant qu'elle a internet. Et puis les livres, les meilleurs sont à la bibliothèque, alors ! Ça m'a fait plaisir de parler avec vous, c'est en parlant qu'on comprend vraiment les choses, sinon j'aurais été capable de dépenser mes sous, et je l'aurais regretté ce soir. Et où je vous aurais retrouvée pour récupérer mes sous ? On n'a pas une grosse retraite dans l'agriculture. Merci madame (*elle avance*).
La libraire : - Au revoir madame.

> *La vieille femme passe devant Stéphane et Nadine avec un regard méprisant pour les livres.*

Stéphane : - Tu vois, les libraires, ça te transforme une vieille femme presque sympathique en ennemie des écrivains. Si elle avait eu une kalachnikov, nous étions morts. Quand je dis nous, c'est nous, les écrivains, elle aurait épargné sa libraire adorée avec qui elle a eu une formidable conversation.

La libraire : - Vous n'aviez qu'à pas écouter les conversations, monsieur !
Stéphane, *se tourne vers elle* : - Monsieur ! Je pourrais être votre fils ! Si vous souhaitez être aimable, utilisez l'expression « maître » ou « vénérable. »
La libraire : - La prochaine fois, vous m'écrirez ce que je dois répondre aux visiteurs.
Stéphane : - Mais non, surtout pas, parlez ! Je suis ici pour voir comment vivent les gens, et même les libraires !
La libraire : - En plus vous êtes masochiste.
Stéphane : - Les femmes comprennent l'humour mais parfois les connes me décrivent ainsi ! Vous devriez savoir que je suis écrivain !
La libraire, *excédée* : - On peut être écrivain et normal.
Stéphane : - L'écrivain dévore et digère tout ce qu'il trouve.
La libraire : - Comme un prédateur.
Stéphane : - Le « comme » est superfétatoire.
La libraire : - Et vous en êtes fier !
Stéphane : - La limite de la comparaison avec le prédateur, s'arrête rapidement. Avant le recyclage. Je ne vais pas vous apprendre comment un léopard recycle une gazelle.
Nadine, *avec le souci visible de faire diversion* : - Tu devrais écrire une bande dessinée !
Stéphane, *se retournant vers elle* : - La libraire serait capable de la photocopier pour la vendre dans son échoppe.

La libraire : - Si ma librairie ferme, ce sera trois chômeurs en plus.
Stéphane : - Quelle chance ! Car dans le même temps, peut-être cinq ou dix écrivains passeront du Rmi à travailleur indépendant, vivront de leur plume.
La libraire : - Arrêtez de faire rêver les jeunes avec vos démonstrations.
Stéphane : - Même la société y gagnerait. Et surtout le bon sens : il est plus logique que le travailleur vive de sa sueur plutôt que le parasite sur son dos. Nadine, tu préférerais pas en vivre et que madame soit au Rmi ?
Nadine : - Vu sous cet angle... Ah ! Un visiteur va interrompre votre conversation animée... Hier soir c'était la pleine lune !

> *Un badaud, la cinquantaine, arrive au stand de la libraire. Encore marquée par cet échange, elle n'essaye pas de l'intéresser ; il passe, passe aussi devant Stéphane.*

Nadine : - Bonjour monsieur. Les éditeurs associatifs aiment les vrais livres.
Le badaud : - Bonjour madame... Vous voulez dire qu'il existe de vrais livres et des faux livres.
Nadine : - En quelque sorte, oui.
Le badaud : - Je cherche des vrais livres, sur la chasse. Mais il n'y a pas de chasseurs parmi les invités ? C'est un comble, nous sommes un village rural, où la chasse, la nature, la pêche et les traditions sont sauvegardées et les

organisateurs ne pensent même pas à inviter un chasseur.

Nadine : - Vous croyez que ça existe, un chasseur écrivain ?

Le badaud : - Vous avez quelque chose contre les chasseurs ?

Nadine : - Non, non... C'était juste une question... Je vais dans les salons depuis quinze ans et je n'ai jamais eu le privilège d'en rencontrer un... Vous devriez demander à l'organisatrice, elle est là-bas, en blanc (*elle montre de la main hors scène*).

Le badaud : - Merci madame, vous êtes la plus aimable des écrivains du salon.

Nadine : - Vous allez donc m'acheter un livre ?

Le badaud : - Si vous en aviez un qui parle de la chasse !

Nadine : - Le dernier, vous qui aimez la nature, il se déroule dans l'arrière-pays.

Il prend le livre, le retourne, l'ouvre.

Le badaud : - Vous m'avez convaincu (*il sort son portefeuille et donne un billet*). Et gardez la monnaie, comme ça vous écrirez dans votre prochain livre que les chasseurs sont généreux... Les routiers sont sympas et les chasseurs généreux, retenez !... Je me dépêche, je vais voir l'organisatrice.

Nadine : - Merci monsieur, bonne lecture.

Stéphane : - Tu as toujours le courage de baratiner.

Nadine : - Tu vois, ce type, jamais tu n'aurais cru qu'il allait acheter !

Stéphane : - Finalement, tu pourrais faire libraire ! Je suis entouré par deux libraires !

Un badaud, la quarantaine, arrive au niveau de la libraire.

Stéphane : - Tu vas voir, moi aussi je peux baratiner. Mais une fois, pas plus ! (*plus fort* :) Attention, mesdames et messieurs, Ternoise va vous raconter l'histoire de la littérature. Si vous achetez chez les libraires, les auteurs touchent des clopinettes (*le badaud, près de la libraire, se recule d'un pas et observe*). Tandis que si vous achetez directement à l'auteur, vous lui permettez d'acquérir sa bière, son vin, le grain pour ses poussins, et même son pain et trois plaquettes de beurre. Ça rime avec auteur. (*s'adressant directement au badaud* :) Hé oui, vous ne le saviez pas. Mais comme les chats, les écrivains ont parfois des parasites.

Le badaud s'approche.

La libraire : - Ce sont des méthodes de vente inacceptables ! Il faut une certaine déontologie. Monsieur, la librairie est à votre service.

Le badaud, *à la libraire* : - Je reviendrai, je reviendrai.

Le badaud : - Bonjour... Bonjour, vous êtes Stéphane Ternoise !

Stéphane : - Parfois ! Et aujourd'hui vous

avez de la chance, j'ai mis ma tête de Ternoise.

Le badaud : - Vous savez, j'ai acheté l'album que vous aviez fait avec des chanteuses et des chanteurs du département, c'est le plus bel album de ces dix dernières années.

Stéphane : - Vous auriez pu affirmer du millénaire.

Le badaud, *en souriant* : - Je n'ai pas osé, pas osé !

Stéphane : - Mais sur le CD, il vous manque quelque chose ! Et ce quelque chose vous l'aurez aujourd'hui !

Le badaud : - Je ne comprends pas.

Stéphane : - La dédicace. Vous savez que certains de mes livres se revendent sur internet dix fois leur prix uniquement parce qu'ils sont dédicacés.

Le badaud : - Je ne savais pas ! Je ne savais pas !

Stéphane : - Naturellement, la plupart des gens gardent le livre dédicacé comme un précieux souvenir. Qu'ils transmettront à leurs petits-enfants. Il en est même qui m'achètent des livres et ne les liront pas ! Uniquement pour le petit mot. Mais je suppose que ce n'est pas votre cas. Vous, vous les lisez, les livres.

Le badaud : - Naturellement, naturellement. Et je me disais que c'est une occasion unique unique… Je ne m'attendais pas à vous voir. Vous pouvez aussi faire des dédicaces pour offrir ?

Stéphane : - Naturellement, « À x, de la part de y », avec une petite phrase inédite en plus sur chacun. Parce que les récipiendaires ensuite vont se montrer la dédicace, alors il faut que je me creuse un peu au niveau de l'originalité !
Le badaud : - Vous trouvez toujours quelque chose d'inédit, d'inédit ?
Stéphane : - Ça fait des années que je n'ai pas participé à un salon, alors aujourd'hui, l'inédit est assuré. Le dernier, je le dédicace à ?
Le badaud : - À moi, à moi. Tout seigneur tout honneur.
Stéphane : - Votre prénom ?
Le badaud : - Olivier.

Stéphane dédicace.

Stéphane : - Comme vous aimez la chanson, je suppose que ce recueil vous allez l'offrir.
Le badaud : - À Juliette, c'est mon épouse, Juliette, et ce sera pour son anniversaire.
Stéphane : - Si vous me donnez la date et l'âge, la dédicace en sera encore plus personnelle.
Le badaud : - Trente-sept ans le 9 mars, 9 mars.

Stéphane dédicace.

Stéphane, *prenant un livre* : - Vous avez des amateurs de théâtre parmi vos proches. ?
Le badaud : - Mon père, Alexandre, soixante-six le 8 septembre, Alexandre.

Stéphane : - Alexandre, pour un livre de théâtre, c'est merveilleux, comme Sacha Guitry... Sacha, c'est ainsi qu'il fut surnommé en souvenir de sa naissance à Saint-Pétersbourg.
Le badaud : - Je l'ignorais, j'ignorais.

Stéphane dédicace.

Stéphane : - Et vous avez des enfants ?
Le badaud : - Deux. Eric quinze ans et Manon treize. Eric et Manon.
Stéphane : - Pour Manon, le recueil de poésie, vous en pensez quoi ?
Le badaud : - C'est parfait ! Parfait !
Stéphane : - Vous lui offrirez pour son anniversaire ou pour Noël ?
Le badaud : - Oui, c'est vrai, Noël, c'est une bonne idée. Une bonne idée, oui, Noël.
Stéphane : - Et comme elle ne croit plus au père Noël !

Grand sourire du badaud.

Le badaud : - À son âge ! À son âge !

Stéphane dédicace.

Stéphane : - Votre fils aime lire ou il préférerait un CD ?
Le badaud : - Un CD, oui, je crois que ce serait préférable. Un CD, oui.
Stéphane : - J'ai celui avec les artistes du monde entier... Ou peut-être, à son âge, les chansons un peu engagées.
Le badaud : - Et j'en profiterai aussi ! Mais

j'espère que tout cela ne va pas dépasser mon budget.
Stéphane : - Vous ne souhaitez rien acheter pour votre fils ?
Le badaud : - Bien sûr que si, bien sûr que si, je pensais juste à voix haute.

Stéphane dédicace.

Le badaud : - De toute manière, je pense que vous allez me consentir une petite réduction.
Stéphane : - C'était déjà la dernière dédicace ?
Le badaud : - Pour cette fois, oui… oui…
Stéphane : - Vous payez par chèque ou en liquide ?
Le badaud : - C'est la même chose pour vous ?
Stéphane : - Pour moi oui, mais pour vous la réduction sera plus importante avec des billets. Il paraît que les plombiers font pareil !
Le badaud : - Pas de problème. Je suis artisan, je vous comprends. Je vous comprends.
Stéphane : - Je vous fais vingt pour cent, mais n'allez pas le raconter !
Le badaud : - Promis.
Stéphane : - Donc 125 moins 20% et j'arrondis même à cent. Tout rond ou tout rectangle plutôt.
Le badaud : - Merci… (*donne l'argent*)
Stéphane : - En un seul billet, c'est encore plus discret.
Le badaud : - Vous avoir parlé restera un

grand souvenir. Je peux vous écrire si je veux vous en acheter d'autres ou si j'ai des informations à vous communiquer ?...
Stéphane : - L'adresse est sur les livres, précisez en haut à gauche de l'enveloppe que nous nous sommes rencontrés aujourd'hui, ainsi il est certain que votre lettre me sera transmise.
Le badaud : - Je comprends, moi aussi j'ai une secrétaire et elle fait le tri. Merci, merci encore (*il part sans un regard pour Nadine*).
Stéphane : - Agréable journée, Olivier.

Nadine : - Tu es vraiment un pro quand tu veux !
Stéphane : - Il suffit de persuader les gens qu'ils font une merveilleuse affaire en achetant.
Nadine : - Mais avant, il te fallait vingt tentatives pour réussir une vente. Comme moi !
Stéphane : - Ça veut juste dire que je vieillis.
Nadine : - Moi aussi pourtant...

Deux badauds, un homme et une femme, s'arrêtent au stand de la libraire.

La femme : - Bonjour.
La libraire : - Bonjour madame, bonjour monsieur.
La femme, *à son mari* : - Ça, tu ne trouves pas que pour ta sœur, ce serait bien ?
L'homme : - On a dit qu'on faisait le tour.
La femme : - Tu vois bien qu'ailleurs c'est que des écrivains.

L'homme : - Ils ont peut-être des choses intéressantes.
La femme : - Tu sais bien que s'ils sont venus ici, c'est qu'ils ne vont pas dans les vrais salons, comme Paris ou Brive. Les régionaux, du compte d'auteur même, le fond du panier, si j'osais je dirais la racaille, des rmistes.
L'homme : - Ne t'énerve pas Mathilde, fais comme tu veux.
La femme : - Oui, on va prendre ce livre d'humour. Il est passé à la télé. Vous pouvez nous l'emballer, c'est pour un cadeau.
La libraire : - Je peux vous le mettre dans cette poche, c'est la plus belle, et c'est original, elle vient du Conseil Général.
La femme : - Vous n'auriez pas plutôt un paquet cadeau ?
L'homme : - Si madame te dit que non. De toute façon, ça va finir à la poubelle.
La femme : - C'est le geste qui compte, tu n'y comprends vraiment rien en présentation.
L'homme : - De toute manière, elle ne le lira pas.
La femme : - C'est toi qui m'as dit un livre.
L'homme : - Qu'est-ce que tu veux acheter d'autre ici ?
La libraire : - Tenez madame. Ce sera vingt-cinq euros.
La femme : - Vous prenez les chèques ?
La libraire : - Naturellement, madame.

La femme rédige son chèque, le pose sur la table et le couple part.

La femme : - Au revoir madame.
L'homme : - Au revoir.
La libraire : - Je vous remercie et vous souhaite une agréable journée.

> *Ils passent devant Stéphane et Nadine en jetant un œil.*

On entend :
L'homme : - Tu as vu, c'est Ternoise.
La femme : - Si on avait su qu'il était là, on lui aurait acheté un livre pour ta sœur.
L'homme : - Avec une dédicace, elle aurait apprécié.
La femme : - Tu vois, tu es toujours pressé… Alors Marie avait raison, il va racheter le château !

Nadine : - Tu as raté une vente.
Stéphane : - Positive ! Ils ont raté un souvenir ! Et elle m'avait l'air encore plus crade dans sa tête que ton chasseur.
Nadine : - Alors tu vas t'acheter un château !
Stéphane : - Tout est possible, rien n'est certain. Ternoise châtelain, ça sonne bien.
Nadine : - Ça ferait encore jaser !
Stéphane : - Du d'jazz, toujours du d'jazz !
Nadine : - Dire que je t'ai connu rmiste et que je te retrouve capitaliste !
Un vieil homme passe.

Nadine : - Les éditeurs associatifs aiment les vrais livres.

> *Il se dépêche d'avancer.*

Nadine : - Alors, tu vas rester jusqu'à la fin ?

Stéphane ne répond pas, il fixe l'entrée de la salle. Nadine s'en aperçoit.

Nadine : - On peut dire qu'elle n'a pas le physique habituel de nos badauds... Tu crois qu'elle correspond à ta cliente idéale ?

La visiteuse arrive à la table de la libraire, avance à petits pas, en regardant vaguement.
Stéphane la fixe toujours.

Stéphane : - Bonjour Julie.
Julie : - Bonjour... Vous vous souvenez donc vraiment de moi !
Stéphane : - Vous en doutiez !
Julie : - Vous devez voir tellement de lectrices.
Stéphane : - Des visages qu'on oublie, et parfois un autre qu'on n'oublie pas.
Julie, *gênée* : - C'était y'a si longtemps... Et nous n'avions parlé que quelques minutes.
Stéphane : - Sept ans, oui. Déjà.
Julie : - Vous avez donc changé de nom depuis. Une amie m'a offert un de vos livres l'année dernière... Celui avec les pièces de théâtre... Et je n'avais pas fait le rapprochement. C'est seulement quand j'ai reçu votre carte, que j'ai eu la certitude de vous avoir déjà vu quelque part en vrai.
Stéphane : - Un visage presque oublié.
Julie : - Ce n'est pas ce que je voulais dire. Mais le changement de nom, ça m'a embrouillée.

Stéphane : - Vous écrivez toujours de la poésie ?
Julie : - Je ne me souvenais plus de vous avoir confié que j'en écrivais ! Vous avez une mémoire extraordinaire. Comment faites-vous ?
Stéphane : - Tant de mots qu'on oublie, et d'autres qu'on n'oublie pas.
Julie : - J'ai eu des contacts, même de très bons contacts. Mais je n'ai jamais publié, il m'aurait fallu faire certaines choses. Je crois que pour les femmes, c'est encore plus cruel que ce que vous décrivez dans votre livre, ce milieu.
Stéphane : - La beauté n'a pas que des avantages. Elle fait parfois passer à côté de l'essentiel plutôt qu'éclairer cet essentiel...
Julie : - Qui s'en soucie encore de l'essentiel !
Stéphane : - J'ai toujours cru trouver l'intelligence dans la beauté.
Julie : - Si vous saviez !
Stéphane : - Je vous dois cette phrase !
Julie : - N'exagérez pas... De toute manière, si j'avais publié, j'aurais moi aussi changé de nom. On n'est pas prise au sérieux, quand on se prénomme Julie.
Stéphane : - Julie... dans votre cœur...
Julie, *qui le regarde plus tendrement* : - Je n'ai pas compris... Pourquoi m'avez-vous envoyé cette carte aussi gentille ?... Vous avez atteint un tel niveau.
Stéphane, *plus bas* : - Et vous croyez que ça devrait me faire passer à côté de l'essentiel ?

Julie : - Je crois que je vais tout vous acheter !
Stéphane : - Vous aurez une méga réduction !
Julie : - Merci.
Stéphane : - Mais avant, j'aimerais vous lire. Vous avez apporté quelques textes ?
Julie : - Je ne vais pas oser vous les montrer. Je ne les montre plus à personne depuis des années. C'est mon jardin secret.
Stéphane : - Pour l'instant, vous connaissez un livre de ma jeunesse, un de ma quasi vieillesse et sûrement quelques chansons, alors que j'ignore tout de vous.
Julie : - Vous savez, il n'y a pas grand-chose à savoir. J'ai une vie somme toute banale. J'ai rêvé d'une grande vie. Et comme c'est banal ! Je suis une modeste employée dans une administration.
Stéphane : - Je ne suis pas magicien... Mais peut-être... (*se lève légèrement, s'approche d'elle qui imite son geste*) Je préférerais continuer notre conversation loin des oreilles indiscrètes (*Julie jette machinalement un regard à droite et à gauche, Nadine et la libraire se retournent, comme prises en faute*).
Julie : - Je vous comprends... En plus il fait beau !

> *Stéphane se lève... Ils sortent tranquillement.*
> *Nadine et la libraire se regardent.*

Nadine : - Je comprends !

> *La libraire s'approche.*

La libraire : - Vous croyez qu'ils avaient rendez-vous ?
Nadine : - Je comprends pourquoi il est venu à ce salon paumé. D'après ce que j'ai entendu, il lui a envoyé une carte d'invitation. Et ça explique pourquoi depuis ce matin il n'arrêtait pas de regarder la porte d'entrée.
La libraire : - J'avais remarqué aussi. J'en concluais que ses affaires ne marchaient pas aussi bien qu'il veut le faire croire, qu'il est obligé de bien vendre pour s'en sortir.
Nadine : - Mais je crois qu'il s'en fout ! Il est venu en espérant voir cette princesse !
La libraire : - J'ai entendu que vous vous tutoyez, vous le connaissez depuis longtemps ?
Nadine : - On a débuté ensemble ! Et moi, j'ai essayé de creuser un véritable sillon littéraire alors qu'il est allé vers la facilité. Et ses livres se vendent comme des petits pains, alors que les miens !
La libraire : - Vous y croyez, vous, que ses livres se vendent bien ? À la librairie il est rare qu'on m'en demande.
Nadine : - Tout le monde sait maintenant qu'il ne vend pas en librairie.
La libraire : - On ne me fera pas croire que tout le monde achète sur internet quand même ! Surtout les personnes âgées, elles gardent le souci du contact. Heureusement. Il en faut pour tous les publics. Sinon, c'est la fin du commerce de proximité.

Nadine : - Je crois que son public, ce ne sont pas vraiment les personnes âgées.
La libraire : - Les gens connaissent surtout ses chansons.
Nadine : - Et ses sites internet.
La libraire : - Pourtant, un professionnel m'a dit que ça ne vaut rien, c'est zéro niveau graphisme.
Nadine : - Ça fait dix ans qu'on dit ça de lui, et vous devez connaître sa réponse : « *les graphistes voudraient imposer une norme de graphisme kitch, mais la majorité des internautes recherchent du contenu, et c'est ce qu'ils trouvent sur le réseau Ternoise.* »
La libraire : - En tout cas, ils ont des choses à se raconter, ça dure...
Nadine : - Mais je comprends ! L'enfoiré !
La libraire : - Racontez.
Nadine : - Il s'est fait payer l'hôtel hier soir et ce soir, comme ça il a la clé.
La libraire : - Vous croyez qu'elle ?
Nadine : - À voir, c'est bien le style !
La libraire, *en souriant* : - Vous voulez que je vous dise... C'est entre nous...
Nadine : - Dites.
La libraire : - Il va être déçu, je la connais cette fille, elle vient parfois à la librairie, (*plus bas*) elle est lesbienne.
Nadine : - Il n'a vraiment pas de chance avec les femmes !
La libraire : - Pourquoi ?... C'est vrai... maintenant qu'on en parle, je ne l'ai jamais vu en photo avec une femme.

Nadine : - Même que certains ont cru...
La libraire : - Certains le prétendent.
Nadine : - Mais je peux vous l'assurer... Oscar Detroivin, que vous connaissez sûrement, un militant de la cause gay.
La libraire : - Il est déjà venu dédicacer l'un de ses livres. Il est d'un charmant, trop même. Efféminé comme on croit que ça n'existe pas avant d'en rencontrer.
Nadine : - Oui, Oscar a essayé, un soir. Mais Stéphane l'a envoyé balader d'une manière sans équivoque... Mais timide comme il est, Stéphane, et ça, même la gloire, au fond, ça ne l'a pas changé, il connaissait donc son adresse à cette lectrice, mais il n'a pas osé lui téléphoner ni passer chez elle, et il a imaginé cette histoire rocambolesque, improbable, de participer à un salon du livre minable.
La libraire, *qui l'écoutait avec une profonde attention* : - C'est vrai que c'est minable. C'est pire que l'année dernière. J'ai compté 67 personnes ce matin.
Nadine : - Vous avez compté la sortie de la messe !
La libraire : - Vous voyez, ils invitent une star et les gens ne se déplacent pas plus... Alors ce n'est pas le prétentieux qu'il veut nous faire croire !
Nadine : - Comme souvent, l'arrogance est une carapace.
La libraire, *en regardant sa montre* : - Dans ces cas-là, on soupire, ce sera mieux l'après-midi... ça peut difficilement être pire.

Nathalie *apparaît, inquiète* : - Vous ne savez pas si monsieur Ternoise va bientôt revenir ?

Nadine et la libraire se regardent, se sourient.

Nadine : - Nous n'avons pas eu droit à ses confidences.

Nathalie : - C'est embêtant, monsieur le maire et monsieur le Conseiller Général viennent d'arriver, les journalistes sont là, il va y avoir le discours dans la salle du fond, avant l'apéritif qui vous est offert par la municipalité... Et sans monsieur Ternoise, ce n'est pas possible... Il nous avait bien promis qu'il participerait à l'apéritif.

Nadine : - Il est sorti en galante compagnie.

Nathalie : - Comme c'est embêtant, c'est ça le problème avec les stars, elles ne tiennent jamais leurs engagements, je vous le dis, mais ne le répétez pas, on les a vus entrer à l'hôtel...

La libraire *s'exclame* : - Elle est lesbienne !... Oh, ça m'a échappé !... Je ne vous ai rien dit.

Nadine : - Il faut croire que Stéphane a le don de renverser les situations, ou alors ils discutent, il a du baratin quand il s'y met, vous avez vu comment il a fourgué quatre livres à un inculte.

Nathalie : - Il va bien falloir que j'invente une histoire décente pour monsieur le maire et monsieur le Conseiller Général.

Nadine : - Dites qu'il est avec Patricia Kaas !

Nathalie : - Formidable, vous me sauvez ! Je

lui dis que vous venez de m'en informer, et qu'elle viendra sûrement prendre le repas en notre compagnie. Au moins l'apéritif ne sera pas gâché ! Et je vais aller chercher quelques bouteilles supplémentaires, ainsi l'ambiance sera joyeuse. L'important, c'est de ne pas plomber l'ambiance dès le départ à cause d'une... Comme vous avez dit. (*Nathalie part en se pressant*)
Nadine : - Mais je n'ai rien dit. Je n'ai jamais vu Patricia Kaas ! Ça va encore retomber sur moi. Lui, il s'en fout.

Rideau

Acte 2

La libraire, Nadine. Puis : Stéphane.

La libraire, assise derrière sa table, lit ; Nadine, devant son stand, essaye de le rendre plus attractif par des permutations de livres. On sentira qu'elles ont bien profité de l'apéritif. Arrive Stéphane, visiblement contrarié.

La libraire : - Je vous ai emprunté un livre. Pour patienter. Il faut croire que les gens ont d'autres préoccupations que de venir nous voir.
Stéphane, *sec* : - Ça ne peut pas vous faire de mal !
Nadine, *manifestement pour éviter les tensions* : - Les gens ne lisent plus. Et les derniers qui lisent, n'ont plus les moyens d'acheter des livres, alors ils les empruntent à la bibliothèque.
La libraire : - Si vous voulez, je vous le repose immédiatement.
Stéphane : - Le mal ou le bien est déjà fait !
Nadine : - Ne t'énerve pas, Stéphane.
Stéphane : - Tout le monde sait que les libraires n'achètent jamais de livres !
La libraire : - Si vous considérez que de l'avoir touché va vous empêcher de le vendre, je vous le paierai.
Stéphane : - Restez dans votre optique de l'emprunt, ça m'évitera de vous le dédicacer.
Nadine : - Je vais t'en acheter un, Stéphane.

Tu te souviens, lors de notre première rencontre, je t'avais acheté ton premier roman et comme tu ne m'avais pas acheté le mien, je n'ai pas continué.
Stéphane : - Mais tu te demandes bien quelle dédicace je vais te pondre !
Nadine : - Tu me promets une superbe dédicace ?
Stéphane : - Puisque c'est toi et puisque c'est moi !
La libraire : - Moi aussi, finalement, je vais dépenser les bénéfices de ma journée !
Stéphane : - Ah non ! Pas vous !
Nadine : - T'es à cran ! Je croyais te voir revenir plus… gai (*en souriant, fière du rapprochement gay / lesbienne que personne ne saisira*). Tu m'as l'air soucieux (*aucune réponse*). Ça me fera une dédicace acidulée.
Stéphane : - Franchement, tu ne vas pas t'y mettre aussi, à ces conneries de dédicaces.
Nadine : - Tu devines que monsieur le Conseiller Général a vivement regretté ton absence.
Stéphane : - Alors c'est toi qui as eu l'idée de Patricia Kaas, l'organisatrice m'a raconté. Et ces couillons ont tout gobé ! Les gens croient vraiment n'importe quoi, et plus c'est rocambolesque mieux ça passe. Ça me rappelle les magouilles de ma jeunesse. Comme si Patricia Kaas serait venue dans leur trou à blaireaux pour discuter de son prochain album !
Nadine : - Tu es bien venu toi !

Stéphane : - Tu vas l'avoir ta dédicace !

La libraire : - Je vous l'achète malgré vos propos, malgré la faute d'orthographe page 38.

Stéphane, *se retournant vers elle* : - Sachez qu'une correctrice professionnelle revoit mes écrits avant publication. Et s'il reste vraiment une faute, c'est sûrement cent fois moins que dans la soupe que vendez, madame !

La libraire : - Je vends de la soupe, oui ! Eh alors ! C'est mon job, monsieur. Vous avez peut-être plus de tolérance pour les péronnelles fonctionnaires.

Nadine : - Finalement, c'est moi qui devrais être à la table d'honneur. Je ne m'absente jamais et je tiens parfaitement les apéritifs et le vin rouge.

Stéphane : - Oui, je crois que je vais te laisser ma place. Ça doit être mon point commun avec Jacques Brel, je n'y comprendrai jamais rien aux femmes.

Nadine : - Si seulement sur terre quelqu'un y comprenait quelque chose !

Stéphane : - Tu t'es mise à Kierkegaard ?

Nadine : - Non, c'est un constat personnel.

Stéphane : - Alors je te conseille Kierkegaard ! Ou Sartre, c'est plus simple.

Nadine : - Tu en as eu d'autres, des histoires d'amour impossibles.

Stéphane : - Pourquoi tu dis impossible ?

Nadine : - Il suffit de comparer ta tête au moment où tu es sorti et celle trois heures plus tard.

Stéphane : - C'était une mauvaise idée de venir ici !
Nadine : - Mais tu n'en as pas trouvé d'autres !
Stéphane : - Tu devrais te reconvertir voyante ou psychanalyste.
Nadine : - Si tu lisais mes livres, tu t'apercevrais qu'une analyse psychologique soutient l'action et je suis sûrement la seule en France à maîtriser la narration à ce point.
Stéphane : - Mais la psychologie n'aide peut-être pas dans la vie !
La libraire : - Alors, ma dédicace ?
Stéphane : - Je ne vais quand même pas lui faire de la pub en déposant plainte pour harcèlement livresque ! Une libraire saoule c'est pire qu'à jeun.

> *La libraire semble vexée... et finalement démonte son chignon, pose ses lunettes, se transforme littéralement en magnifique femme brune.*

Nadine : - Tu devrais te retourner et tu ne vas pas en croire tes yeux !
Stéphane : - Elle s'est volatilisée ! (*Stéphane se retourne en souriant... il reste abasourdi puis* :) Vous êtes enfin la remplaçante.
La libraire, *en souriant* : - Finalement, comme votre personnage, vous restez très sensible aux apparences.
Stéphane : - J'ai cru au miracle quelques secondes. Mais c'était une illusion. Vous êtes vraiment libraire.

La libraire : - En tout cas, si j'étais votre correctrice, quand il est écrit « pain béni », béni « i », j'ajouterais un « T », ne confondant pas un adjectif avec un participe passé.
Stéphane : - Et vous croyez être embauchée pour un T ?
La libraire : - Peut-être que si vous nous offriez un thé, l'après-midi se passerait mieux. Je n'irai peut-être pas, quand même, jusqu'à vous corriger gracieusement votre prochain manuscrit !
Stéphane : - Une libraire disposée à travailler bénévolement, au service de la littérature, je n'y crois pas !
Nadine : - Il n'y a qu'à toi qu'on fait de telles propositions. Moi, j'offrirais même des petits biscuits avec le thé.

La libraire sourit et Stéphane la fixe, s'aperçoit qu'elle est vraiment très belle.

Stéphane : - Pourquoi être libraire alors que vous savez sourire ?
La libraire : - J'échangerais bien ma place contre la vôtre ! Vous savez encore ce que c'est, la vraie vie, celle où il faut travailler pour vivre ?
Stéphane : - Si vous aviez lu mes livres, vous sauriez que je suis passé par la case employé modèle de 20 à 22 ans parce qu'il me fallait travailler, puis cadre presque dynamique avant de dynamiter la direction, chômeur, viré de l'ANPE, rmiste, viré du Rmi par un Conseil Général officiellement de gauche et partenaire

de la culture. Mais je préférais vivre de peu que sombrer dans un boulot répétitif, frustrant, stressant ou parasite des créateurs ! J'ai tenu sans subvention, sans soutien, alors vos leçons de vie, gardez-les pour les clients de votre échoppe.
La libraire : - J'ai toujours vu mes parents sourire, recevoir les auteurs avec plaisir, leur offrir le repas le soir quand ils passaient à la librairie, se passionner pour les livres, heureux de conseiller les lectrices et lecteurs qu'on n'a jamais appelés des clients. Et quand ils sont disparus, j'avais le choix entre vendre la librairie pour la remplacer par un McDo ou continuer malgré la véritable haine tenace vouée par certains aux libraires.
Stéphane : - Oh haines ! Oh pourcentages !
La libraire : - Nul besoin d'avoir lu vos livres pour connaître votre parcours. Vos sites et vos interviews suffisent !
Stéphane : - Ainsi vous croyez l'autopromotion sur les sites et le baratin des journalistes !
La libraire : - Je n'ai pas d'autres sources d'informations.
Stéphane : - Si vous me racontez votre vie, je vous raconterai la mienne !
La libraire : - Je ne tiens pas à retrouver ma vie dans votre prochain livre.
Stéphane : - Si nous restons ici, je vais vendre deux livres tandis que si vous me racontez votre vie, j'en écrirai peut-être un ! En plus, j'ai faim.

La libraire : - Vous croyez que l'on peut s'emparer de la vie des autres ainsi ? Comme vous le savez, je suis une modeste commerçante qui doit vendre la soupe qui se vend, j'ai une caisse à tenir.
Stéphane : - On va confier notre caisse à Nadine. Comme ça elle réalisera son rêve ! Être à la table d'honneur et même régner sur les tables voisines ! Si elle nous vend quelques livres, nous lui donnerons sa commission ! Et vous gagnerez peut-être le rôle d'héroïne dans mon prochain roman !
La libraire : - Je me moque bien d'être héroïne ! Je suis une femme normale, même pas déprimée ni schizoïde. Même pas… rien d'autre.
Stéphane : - Et vous croyez peut-être que je vais vous croire sur parole !
La libraire : - Vous êtes quand même un mec bizarre.

Stéphane, *en la regardant dans les yeux* : - Si vous aviez prononcé cette phrase ce matin ç'aurait été une insulte. Maintenant je la considère autrement.

La libraire : - Vous prenez donc parfois des apparences pour la réalité.
Stéphane : - Parfois, parfois la vie pourrait être vraiment comme dans les romans. On écrit peut-être des romans uniquement pour provoquer la vie, la forcer à s'adapter à nos rêves.
La libraire : - Et ça marche souvent ?

Stéphane : - Non. Mais il suffit d'une fois pour sauver le reste. Et comme vous allez me raconter votre vie, peut-être qu'elle va se transformer, et la mienne aussi !

Stéphane a un geste galant... La libraire hésite... Se lève...

Nadine : - 15 %, c'est mon tarif !
Stéphane *en se retournant* : - Je t'accorde même 20.
La libraire : - D'accord pour 15... Ça risque de toute manière de ne pas faire grand-chose !

Ils sortent.
Nadine les accompagne du regard, se passe la main droite dans les cheveux, va s'asseoir à la place de Stéphane.

Nadine : - L'enfoiré ! Deux !... Mais qu'est-ce qui lui a pris à la libraire ! Elle a vraiment pas l'habitude de boire ! Et dès qu'un type passe à la télé, les femmes sont folles. Ah ! Si j'avais 20 ans de moins ! (*sombre*) Ah Nadine ! Il ne te reste plus que la littérature ! Ce serait ma revanche. Si au moins Stéphane m'aidait à être connue ! Et après, après je saurai... Il suffirait d'un seul livre pris !... J'en ai marre de claquer toutes mes économies dans les livres. Certains voyagent, moi je donne l'illusion de publier des livres. Ce serait enfin ma revanche ! Et quelle revanche ! Mais ils sont trop misogynes, jamais ils ne m'éliront à l'Académie Française... Le prix Fémina, ce serait déjà pas mal...

Rideau

Acte 3

Nadine. Puis : la libraire, Stéphane, deux femmes qui passent en parlant, Julie.

Nadine, assise à la place de Stéphane, fixe un point extérieur à la scène, les yeux écarquillés.

Nadine : - Je n'aurais pas vendu grand-chose mais au moins je pourrai dire que j'étais là ce jour-là.

> *La libraire et Stéphane reviennent main dans la main.*
> *Ils sourient à Nadine. Qui sourit donc également.*
> *La libraire et Stéphane passent, par la droite, derrière les tables ; ils se serrent et se séparent. La libraire s'assied, ravie, épanouie. Stéphane avance et reste debout.*

Nadine : - Je vous ai vendu chacun dix-sept livres ! Match nul ! Hé oui ! Un car du village voisin est venu. Ils voulaient un autographe, Stéphane !
Stéphane : - Et moi je voudrais ma place !
Nadine : - Alors je ne peux plus jouer à Stéphane !

> *Nadine se lève en souriant et regagne sa place.*
> *Stéphane s'assied tout en souriant à la libraire.*

Stéphane, *à Nadine* : - Alors tu leur as fait croire qu'en réalité Stéphane est l'un de tes pseudonymes !

Nadine : - Certains avaient même des magazines pour obtenir leur dédicace. Durant une demi-heure on se serait cru à Paris ! Vous avez peut-être entendu ?

Stéphane : - Je suppose que ce n'est pas une question !

Stéphane *prend la feuille devant lui* : - En plus tu as tout noté et tu as même déjà fait les comptes ! Tout ça c'est donc pour moi ! Bien, tout en liquide ! (*il met l'ensemble dans une poche*)

La libraire *en fait de même* : - Merci Nadine. Et vous avez même noté les titres !

> *Stéphane fixe l'entrée. Nadine a vu aussi. La libraire reste sur son nuage, tout sourire. Deux femmes passent en se parlant, indifférentes aux livres :*

Première femme : - C'est pas une raison.

Deuxième femme : - C'est ce que je lui ai dit. Mais elle ne m'écoute jamais.

Première femme : - Si au moins elle la laissait sortir quelques heures.

Deuxième femme : - C'est ce que je lui ai dit, parce qu'un jour elle va faire une bêtise.

Première femme : - Comme sa mère...

> *Julie passe rapidement devant la libraire qui a un haut-le-cœur et s'arrête devant la table de Stéphane.*

Julie regarde Stéphane dans les yeux. Il est troublé.

Julie : - oui.

Stéphane, durant trois quatre secondes, reste sans réaction, comme abasourdi. Puis il se lève, passe au-dessus de sa table en faisant tomber quelques livres, prend la main de Julie et ils sortent en courant.

Silence.

Nadine continue à regarder droit devant elle. On sent qu'elle n'ose pas se tourner vers la libraire (qui se prend la tête dans les mains).

La libraire, *se redresse, visage sévère* : - Le salaud !... La garce !
Nadine, *se tourne vers elle* : - Tu sais, la littérature, la littérature, mais comme l'a écrit Sartre, le monde tourne autour d'une paire de fesses.
La libraire : - Je me suis fait avoir.
Nadine : - Moi qui étais neutre dans l'affaire, j'ai bien vu son visage, son trouble, son hésitation. Elle a dû comprendre cette hésitation comme un bonheur intense impossible à exprimer. Mais c'était bien une hésitation.
La libraire : - N'essaye pas de me consoler.
Nadine : - Ça fait des années qu'il en rêve, de cette fille. Et contre ça, tu ne pouvais rien. Ta seule chance aurait été qu'elle arrive plus tôt

et qu'elle vous voie revenir main dans la main. Alors c'est elle qui se serait effondrée ! Des années, tu te rends compte l'idéalisation...
La libraire : - Je l'ai donc rencontré le mauvais jour... Je croyais avoir le temps, ce soir, demain, toute notre vie... c'est moi qui ai insisté pour qu'on revienne...
Nadine : - Il paraît que ça fait des années qu'il vit seul. Certains voyaient dans sa solitude une forme de dépression.
La libraire : - Et tu crois qu'il rêvait d'elle !
Nadine : - Il est venu pour elle, il repartira avec elle. Entre-temps, tu as vécu des sentiments que tu n'oublieras jamais. C'est déjà ça !
La libraire : - Tout aurait pu finir mieux !
Nadine : - Moi, je vendais des livres, alors ! Je n'ai été que spectatrice dans tout cela. Au premier rang certes. Mais spectatrice.
La libraire : - Parfois, il vaut mieux, c'est moins douloureux.
Nadine : - Mais parfois...
La libraire : - On n'est jamais vraiment contente de ce qui nous arrive.
Nadine : - Même Stéphane, à cet instant, doit se demander s'il a eu raison.
La libraire : - Je ne crois pas.
Nadine : - Tu n'auras qu'à lire son prochain roman.
La libraire : - Je n'en aurai pas la force. Je n'ai pas l'illusion de croire qu'il se souviendra de moi dans six mois. Si elle se donne à lui, elle va tout lui faire oublier. Elle a fait tourner la

tête à tant de gars. Mais pas un n'avait su la détourner de ses compagnes.

Nadine : - La passion passera aussi entre eux ! Peut-être qu'il va rester deux ans sans écrire une chanson, sans écrire un livre mais un jour il y reviendra. Malgré son peu d'exigences dans certaines pages, c'est quand même un écrivain.

La libraire : - Franchement, j'ai lu quelques pages et je ne m'attendais pas à ça. C'est une vraie écriture. Dommage que son image soit brouillée par ses chansons, ses provocations et ses déclarations. S'il avait un éditeur comme il écrit « classique », il serait considéré comme l'un des géants.

Nadine : - Tu n'es plus objective ! Mais je te le parie, le jour où il reviendra à la littérature, c'est autour de toi que tournera son roman.

La libraire : - Qu'il me laisse tranquille maintenant.

Nadine : - Mais il aura le sentiment d'avoir été injuste envers toi.

La libraire : - Tu ne crois quand même pas que j'ai compté ! J'en ai eu l'illusion mais tu vois, c'est déjà parti. Croiser une femme, l'emmener à l'hôtel, pour lui, ça doit être d'un banal.

Nadine : - Sans être indiscrète, je suis certaine qu'il était timide.

La libraire : - Tu n'aurais pas déjà eu une aventure avec lui, pour le connaître aussi bien ?

Nadine : - J'avais à peu près l'âge qu'il a

aujourd'hui quand on s'est connus... Mais ça ne changeait rien à notre différence d'âge !
La libraire : - Alors tu es très perspicace.
Nadine : - Et il s'achètera un château si elle veut devenir châtelaine.
La libraire : - Lady châtelaine.
Nadine : - Perspicace, oui, trop, parfois ! Je suis écrivain, même si presque personne ne le remarque... Et ce qui lui est arrivé aujourd'hui, je peux te l'affirmer avec certitude, c'est la première fois : voir la femme dont il rêvait depuis des années et qu'en plus elle transforme complètement sa vie pour lui, et qu'en plus une libraire au départ assez banale se métamorphose ainsi en femme fatale.
La libraire : - J'ai vraiment trop bu d'apéritifs ! Je ne me reconnais pas.
Nadine : - Oh moi ! Même si j'en avais bus encore plus !... (*se reprenant*) Que vive la littérature !

Rideau - Fin

Pourquoi est-il venu ?

Personnages :   Huit femmes, cinq hommes

Distribution originale : Huit femmes, cinq hommes

Possibilités :

- Huit femmes, quatre hommes : Le chasseur et le vieil homme pressé sont joués par le même acteur.

- Huit femmes, trois hommes : Le chasseur et l'homme du couple sont joués par le même acteur. Olivier et le vieil homme pressé sont joués par le même acteur.

- Huit femmes, deux hommes : Le chasseur, Olivier, l'homme du couple et le vieil homme pressé sont joués par le même acteur.

- Sept femmes, cinq hommes : La vieille femme de l'acte 1 et l'une des femmes qui passent de l'acte 3 sont jouées par la même comédienne.

- Sept femmes, quatre hommes : La vieille femme de l'acte 1 et l'une des femmes qui passent de l'acte 3 sont jouées par la même comédienne. Le chasseur et le vieil homme pressé sont joués par le même acteur.

- Sept femmes, trois hommes : La vieille femme de l'acte 1 et l'une des femmes qui passent de l'acte 3 sont jouées par la même comédienne. Le chasseur et l'homme du couple sont joués par le même acteur. Olivier et le vieil homme pressé sont joués par le même acteur.

- Sept femmes, deux hommes : La vieille femme de l'acte 1 et l'une des femmes qui passent de l'acte 3 sont jouées par la même comédienne. Le chasseur, Olivier, l'homme du couple et le vieil homme pressé sont joués par le même acteur.

- Six femmes, cinq hommes : La vieille femme de l'acte 1 et l'une des femmes qui passent à l'acte 3 sont jouées par la même comédienne. La femme du couple de l'acte 1 et l'autre des femmes qui passent à l'acte 3 sont jouées par la même comédienne.

- Six femmes, quatre hommes : La vieille femme de l'acte 1 et l'une des femmes qui passent à l'acte 3 sont jouées par la même comédienne. La femme du couple de l'acte 1 et l'autre des femmes qui passent à l'acte 3 sont jouées par la même comédienne. Le chasseur et le vieil homme pressé sont joués par le même acteur.

- Six femmes, trois hommes : La vieille femme de l'acte 1 et l'une des femmes qui passent à l'acte 3 sont jouées par la même comédienne. La femme du couple de l'acte 1 et l'autre des femmes qui passent à l'acte 3 sont jouées par la même comédienne. Le chasseur et l'homme du couple sont joués par le même acteur. Olivier et le vieil homme pressé sont joués par le même acteur.

- Six femmes, deux hommes : La vieille femme de l'acte 1 et l'une des femmes qui passent à l'acte 3 sont jouées par la même comédienne. La femme du couple de l'acte 1 et l'autre des femmes qui passent à l'acte 3 sont jouées par la même comédienne. Le chasseur, Olivier, l'homme du couple et le vieil homme pressé sont joués par le même acteur.

- Cinq femmes, cinq hommes : Julie et Nathalie (uniquement fin acte 1) sont jouées par la même comédienne. La vieille femme de l'acte 1 et l'une des femmes qui passent à l'acte 3 sont jouées par la même comédienne. La femme du couple de l'acte 1 et l'autre des femmes qui passent à l'acte 3 sont jouées par la même comédienne.

- Cinq femmes, quatre hommes : Julie et Nathalie (uniquement fin acte 1) sont jouées par la même comédienne. La vieille femme de l'acte 1 et l'une des femmes qui passent à l'acte 3 sont jouées par la même comédienne. La femme du couple de l'acte 1 et l'autre des femmes qui passent à l'acte 3 sont jouées par la même comédienne. Le chasseur et le vieil homme pressé sont joués par le même acteur.

- Cinq femmes, trois hommes : Julie et Nathalie (uniquement fin acte 1) sont jouées par la même comédienne. La vieille femme de l'acte 1 et l'une des femmes qui passent à l'acte 3 sont jouées par la même comédienne. La femme du couple de l'acte 1 et l'autre des femmes qui passent à l'acte 3 sont jouées par la même comédienne. Le chasseur et l'homme du couple sont joués par le même acteur. Olivier et le vieil homme pressé sont joués par le même acteur.

- Cinq femmes, deux hommes : Julie et Nathalie (uniquement fin acte 1) sont jouées par la même comédienne. La vieille femme de l'acte 1 et l'une des femmes qui passent à l'acte 3 sont jouées par la même comédienne. La femme du couple de l'acte 1 et l'autre des femmes qui passent à l'acte 3 sont jouées par la même comédienne. Le chasseur, Olivier, l'homme du couple et le vieil homme pressé sont joués par le même acteur.

- Quatre femmes, cinq hommes : Julie, Nathalie et l'une des femmes qui passent à l'acte 3 sont jouées par la même comédienne. La vieille femme de l'acte 1, la femme du couple de l'acte 1 et l'autre des femmes qui passent à l'acte 3 sont jouées par la même comédienne.

- Quatre femmes, quatre hommes : Julie, Nathalie et l'une des femmes qui passent à l'acte 3 sont jouées par la même comédienne. La vieille femme de l'acte 1, la femme du couple de l'acte 1 et l'autre des femmes qui passent à l'acte 3 sont jouées par la même comédienne. Le chasseur et le vieil homme pressé sont joués par le même acteur.

- Quatre femmes, trois hommes : Julie, Nathalie et l'une des femmes qui passent à l'acte 3 sont jouées par la même comédienne. La vieille femme de l'acte 1, la femme du couple de l'acte 1 et l'autre des femmes qui passent à l'acte 3 sont jouées par la même comédienne.
Le chasseur et l'homme du couple sont joués par le même acteur. Olivier et le vieil homme pressé sont joués par le même acteur.

- Sept femmes, six hommes : à l'acte 3 Un homme et une femme qui passent en parlant (plutôt que Deux femmes qui passent en parlant), *Un homme et une femme passent en se parlant, indifférents aux livres*, le dialogue est alors :

La femme : - C'est pas une raison.
L'homme : - Hé, pardi ! C'est ce que je lui ai dit. Mais elle ne m'écoute jamais.
La femme : - Si au moins elle la laissait sortir quelques heures.
L'homme : - Hé, pardi ! C'est ce que je lui ai dit, parce qu'un jour elle va faire une bêtise.
La femme : - Comme sa mère...
L'homme : - Hé, pardi !

Auteur

Stéphane Ternoise est né en 1968. Il publie depuis 1991. Il est depuis son premier livre éditeur indépendant.

Dès 2004, il a proposé des livres numériques, en PDF. Mais c'est en 2011 seulement que les ventes dématérialisées ont démarré. Son catalogue numérique (depuis mi 2011 distribué par Immateriel) a ainsi rapidement dépassé celui du papier, grâce à des essais, des livres de photos... tout en continuant la lente écriture dans les domaines du théâtre et du roman. Depuis octobre 2013, et son « identifiant fiscal aux États-Unis », son catalogue papier tend à rattraper celui en pixels.
http://www.livrepapier.com ou
http://www.livrepixels.com

Il convient donc, de nouveau, d'aborder l'auteur sous le biais de l'œuvre. Ainsi, pour vous y retrouver, http://www.ecrivain.pro essaye de fournir une vue globale. Et chaque domaine bénéficie de sites au nom approprié :
http://www.romancier.net
http://www.dramaturge.net
http://www.essayiste.net

http://www.lotois.fr

Vous pouvez légitimement vous demander pourquoi un auteur avec un tel catalogue ne bénéficie d'aucune visibilité dans les médias traditionnels. L'écriture est une chose, se faire des amis utiles une autre !

Catalogue (le plus souvent en papier et numérique, parfois uniquement les pixels, le travail de mise en page papier demandant plus de temps que d'heures disponibles)

Romans : (http://www.romancier.net)
Le Roman de la révolution numérique.
Ils ne sont pas intervenus (le livre des conséquences) également en version numérique sous le titre *Peut-être un roman autobiographique*
La Faute à Souchon ? également sous le titre *Le roman du show-biz et de la sagesse (Même les dolmens se brisent)*
Liberté, j'ignorais tant de Toi également sous le titre *Libertés d'avant l'an 2000)*
Viré, viré, viré, même viré du Rmi
Quand les familles sans toit sont entrées dans les maisons fermées

Théâtre : (http://www.theatre.wf)
Théâtre pour femmes
Théâtre peut-être complet
La baguette magique et les philosophes
Quatre ou cinq femmes attendent la star
Avant les élections présidentielles
Les secrets de maître Pierre, notaire de campagne
Deux sœurs et un contrôle fiscal
Ça magouille aux assurances
Pourquoi est-il venu ?
Amour, sud et chansons
Blaise Pascal serait webmaster
Aventures d'écrivains régionaux
Trois femmes et un amour
La fille aux 200 doudous et autres pièces de théâtre pour enfants
« Révélations » sur « les apparitions d'Astaffort » Brel / Cabrel (les secrets de la grotte Mariette)

Photos : (http://www.france.wf)
Montcuq, le village lotois
Cahors, des pierres et des hommes. Photos et commentaires
Limogne-en-Quercy Calvignac la route des dolmens et gariottes
Saint-Cirq-Lapopie, le plus beau village de France ?
Saillac village du Lot
Limogne-en-Quercy cinq monuments historiques cinq dolmens
Beauregard, Dolmens Gariottes Château de Marsa et autres merveilles lotoises
Villeneuve-sur-Lot, des monuments historiques, un salon du livre... -Photos, histoires et opinions
Henri Martin du musée Henri-Martin de Cahors - Avec visite de Labastide-du-Vert et Saint-Cirq-Lapopie sur les traces du peintre
L'église romane de Rouillac à Montcuq et sa voisine oubliée, à découvrir - Les fresques de Rouillac, Touffailles et Saint-Félix

Livres d'artiste (http://www.quercy.pro)
Quercy : l'harmonie du hasard
Lot, livre d'art
Jésus, du Quercy
Les pommes de décembre
La beauté des éoliennes

Essais : (http://www.essayiste.net)
Le manifeste de l'auto-édition - Manifeste politico-littéraire pour la reconnaissance des écrivains indépendants et une saine concurrence entre les différentes formes d'édition
Écrivains, réveillez-vous ? - La loi 2012-287 du 1er mars 2012 et autres somnifères
Le livre numérique, fils de l'auto-édition
Aurélie Filippetti, Antoine Gallimard et les subventions contre l'auto-édition - Les coulisses de l'édition française révélées aux lectrices, lecteurs et jeunes écrivains
Réponses à monsieur Frédéric Beigbeder au sujet du Livre Numérique (Écrivains= moutons tondus ?)

Comment devenir écrivain ? Être écrivain ? (Écrire est-ce un vrai métier ? Une vocation ? Quelle formation ?...)
Amour - état du sentiment et perspectives
Le guide de l'auto-édition numérique en France
(Publier et vendre des ebooks en autopublication)
Copie privée, droit de prêt en bibliothèque : vous payez, nous ne touchons pas un centime - Quand la France organise la marginalisation des écrivains indépendants

Chansons : (http://www.parolier.info)
Chansons trop éloignées des normes industrielles
Chansons vertes et autres textes engagés
Chansons d'avant l'an 2000
Parodies de chansons - De Renaud à Cabrel En passant par Cloclo et Jacques Brel

En chti : (http://www.chti.es)
Canchons et cafougnettes (Ternoise chti)
Elle tiote aux deux chints doudous (théâtre)

Politique : (http://www.commentaire.info)
Ce François Hollande qui peut encore gagner le 6 mai 2012 ne le mérite pas
Nicolas Sarkozy : sketchs et Parodies de chansons
Bernadette et Jacques Chirac vus du Lot - Chansons théâtre textes lotois
Affaire Ségolène Royal - Olivier Falorni Ce qu'il faut en retenir pour l'Histoire - Un écrivain engagé, un observateur indépendant
François Fillon, persuadé qu'il aurait battu François Hollande en 2012, qu'il le battra en 2017

Notre vie (http://www.morts.info)
La trahison des morts : les concessions à perpétuité discrètement récupérées - Cahors, à l'ombre des remparts médiévaux, les vieux morts doivent laisser la place aux jeunes...

Cahors : Adèle et Marie Borie contre Jean-Marc Vayssouze-Faure - Appel à une mobilisation locale et nationale pour sauver les soeurs Borie...

Jeux de société
http://www.lejeudespistescyclables.com
La France des pistes cyclables - Fabriquer un jeu de société pour enfants de 8 à 108 ans
Le bon chemin pour Saint-Jacques-de-Compostelle

Autres :
La disparition du père Noël et autres contes
J'écris aussi des sketchs
Vive les poules municipales... et les poulets municipaux - Réduire le volume des déchets alimentaires et manger des oeufs de qualité

Œuvres traduites :
La fille aux 200 doudous :
- *The Teddy (Bear) Whisperer* (Kate-Marie Glover) - Das Mädchen mit den 200 Schmusetieren (Jeanne Meurtin)
- Le lion l'autruche et le renard :
- How the fox got his cunning (Kate-Marie Glover)

- Mertilou prépare l'été :
- The Blackbird's Secret (Kate-Marie Glover)

- *La fille aux 200 doudous et autres pièces de théâtre pour enfants (les 6 pièces)*
- La niña de los 200 peluches y otras obras de teatro para niños (María del Carmen Pulido Cortijo)

Pourquoi est-il venu ?

9   Huit femmes, cinq hommes

      13   Acte 1

      44   Acte 1

      52   Acte 1

59   Autres distributions

64   Auteur

Mentions légales

Tous droits de traduction, de reproduction, d'utilisation, d'interprétation et d'adaptation réservés pour tous pays, pour toutes planètes, pour tous univers.

Site officiel : http://www.ecrivain.pro

Ebooks distribués sur la quasi totalité des plateformes numériques.

Présentation des livres essentiels :
http://www.utopie.pro

Dépôt légal à la publication au format ebook du 6 juillet 2011.

Imprimé par CreateSpace, An Amazon.com Company pour le compte de l'auteur-éditeur indépendant.
livrepapier.com

ISBN 978-2-36541-543-9
EAN 9782365415439
Pourquoi est-il venu ? (Théâtre huit femmes et cinq hommes) de Stéphane Ternoise
© **Jean-Luc PETIT - BP 17 - 46800 Montcuq France**

www.ingramcontent.com/pod-product-compliance
Lightning Source LLC
Chambersburg PA
CBHW060217050426
42446CB00013B/3099